ANIMALES DEPREDADORES
Los cocodrilos

SANDRA MARKLE

EDICIONES LERNER / MINNEAPOLIS

El mundo animal está lleno de
DEPREDADORES.

Los depredadores son cazadores que para sobrevivir buscan, atrapan y devoran a otros animales, los cuales son sus presas. Cada medio ambiente tiene su cadena de cazadores. Los depredadores más pequeños, más lentos y menos capaces se convierten en presas de cazadores más grandes, rápidos y astutos. En todo el mundo, son pocos los depredadores que están arriba de la cadena alimentaria. *En el río Nilo, en África, uno de ellos es el cocodrilo.*

Después de desarrollarse durante casi tres meses, este pequeño macho sale del huevo. Emite un gemido y rasca el interior de la cáscara con el diente de eclosión, una escama dura y grande en el extremo de su nariz, hasta que el huevo se rompe. Las otras crías también están naciendo y las madres oyen sus llamados. Con las uñas, la madre quita la tierra que cubre el nido. Después levanta las crías recién nacidas con el hocico. Aunque sus mandíbulas tienen la fuerza suficiente para triturar huesos, la madre carga con cuidado a sus crías y las lleva a un brazo cercano del Nilo, donde vivirán hasta que crezcan. Al comienzo, una cría de cocodrilo es tan pequeña como un pollito, pero cuando crece aumenta de tamaño casi 4,000 veces.

Algún día, este pequeño macho podrá llegar a medir cerca de 16 pies (unos 5 metros) de largo, que es más o menos el largo de un automóvil mediano. Se alimentará de presas tales como cebras y ñúes. Sin embargo, tendrá que crecer mucho antes de estar listo para enfrentar presas tan grandes.

Aun así, el pequeño macho tiene que atrapar su propio alimento desde que nace. Su cuerpo está diseñado para hacerlo un buen cazador. Los oídos, que están en unas aberturas detrás de los ojos, le permiten escuchar a la libélula incluso antes de verla. Cuando el insecto está encima de él, los grandes ojos le permiten saber a qué distancia atacar. Con un repentino latigazo de la cola, el pequeño cocodrilo emerge del agua mientras abre las mandíbulas.

Cuando el pequeño cocodrilo ataca, cierra la boca y aplasta a la libélula. Los músculos que cierran la boca son mucho más fuertes que los que la abren. Esto es importante, ya que el arma principal de un cocodrilo son sus mandíbulas llenas de dientes.

Los cocodrilos pueden ver a la presa y después deslizarse hacia ella para atacar. Sin embargo, por lo general esperan y atacan de repente a las presas que estén a su alcance. Para ello, el cocodrilo flota bajo el agua de tal forma que sólo sobresalen de la superficie los ojos y orificios nasales. De repente, unos sensores especiales en los costados de las mandíbulas "sienten" que se acerca un pez. Cuando siente que está lo suficientemente cerca, el cocodrilo ataca, muerde y atrapa al pez para la cena.

Durante los primeros meses de vida, el cocodrilo pasa la mayor parte del tiempo entre los juncos del brazo del río. Se oculta de depredadores, como mangostas y aves zancudas. Cuando la madre vuelve a este lugar después de cazar, la cría se siente lo suficientemente segura para tomar el sol. Los cocodrilos no producen calor corporal, así que deben absorber calor de su entorno para mantenerse calientes y poder estar activos y digerir su alimento. Como no necesita la energía de los alimentos para producir calor corporal, usa gran parte de esa energía para crecer.

El cocodrilo crece casi 1 pie (30 centímetros) de largo por año, de forma que este joven macho pronto será demasiado grande para ser presa de la mayoría de los depredadores. Casi el único depredador del que tiene que cuidarse es un cocodrilo más grande. Cuando las presas son abundantes, el joven macho caza en la misma zona con otros cocodrilos de su tamaño. Cuando no están cazando, suelen salir todos del agua para descansar en la orilla. De esa manera, muchos ojos y oídos pueden vigilar si hay peligro. Cuando el joven macho ve que otros cocodrilos se dirigen al agua, no pierde tiempo en averiguar qué pasa: se mete de prisa al agua y se aleja nadando.

El joven cocodrilo también suele permanecer junto a los otros durante la noche. Al ser muchos, están más seguros. El joven macho también caza de noche. En la oscuridad, es difícil que las presas lo vean acechando en el agua, pero él puede verlas hasta en la penumbra. Sus pupilas, las aberturas por las que entra la luz a los ojos, pueden abrirse mucho y dejar que pase la mayor cantidad posible de luz a la retina, que es la capa sensible a la luz que está atrás de los ojos. Los ojos del cocodrilo parecen brillar porque tienen una capa detrás de la retina parecida a un espejo, llamada *tapetum lucidum*. La luz se refleja en esta capa hacia la retina y aumenta la cantidad de luz que ésta recibe.

A medida que el macho crece, pasa cada vez más tiempo cazando y descansando solo. Comienza a cazar regularmente en un mismo lugar, su territorio de caza. También suele descansar en el mismo lugar a la orilla del río, tomando el sol. A medida que hace más calor, el cocodrilo también se calienta. Cuando tiene demasiado calor, abre su enorme boca para que la humedad se evapore en el aire. Así se refresca.

Si esto no es suficiente, el cocodrilo se refresca sumergiéndose en el río hasta que sólo queda la cabeza en la superficie. Allí espera a que una presa entre en el río. Finalmente, con la última luz del día, una brisa cruza sobre el agua y el cocodrilo siente el olor de una gacela. Detrás de los orificios nasales del cocodrilo hay unos canales tan largos como el hocico. Como estos canales tienen muchas células sensibles a sustancias químicas, el cocodrilo tiene un agudo sentido del olfato. Así que usa su nariz para encontrar a la presa.

Para cuando la manada de gacelas llega a la orilla del río, el cocodrilo está a distancia de ataque. Se sumerge en el agua. Una sustancia química dentro de su cuerpo reduce la frecuencia cardíaca y desvía sangre de los pulmones al resto del cuerpo. Pliegues de piel sellan sus oídos, orificios nasales y la parte trasera de la garganta. De esta manera, el cocodrilo puede contener la respiración durante más de una hora. Párpados semitransparentes cubren sus ojos como si fueran gafas. No puede ver tan bien, pero no importa. Bajo el agua, se dirige directamente al punto donde vio por última vez a su presa. Entonces emerge, ataca y atrapa a la gacela con sus enormes mandíbulas. Después el cocodrilo se zambulle de nuevo y mantiene a la gacela bajo el agua para que se ahogue.

Como todos los dientes del cocodrilo son filosos para poder morder, no puede masticar ni triturar su alimento como lo hacen otros animales. Para comer a su presa, el cocodrilo sostiene a la gacela entre sus mandíbulas, la saca del agua y la lanza violentamente hacia un lado. El peso de la gacela hace que la parte que el cocodrilo sostiene se separe del resto del cuerpo. Entonces el macho levanta el hocico y se traga la parte arrancada. Como la lengua está unida a la parte inferior de la boca, ésta es la única forma que tiene para tragar. Cuando está listo, el cocodrilo busca lo que quedó de su presa y repite el proceso de morder, lanzar y engullir.

El estómago del cocodrilo tiene el tamaño de un balón de básquetbol, así que pronto queda satisfecho. Se arrastra hasta un cálido banco de arena para descansar y absorber el calor que necesita para digerir el alimento. El cocodrilo perdió un diente en el ataque, pero pronto será reemplazado por uno del interior de la mandíbula. Como el cocodrilo pierde y reemplaza dientes a menudo, las mandíbulas están llenas de dientes de distintos tamaños.

A los diez años, el cocodrilo mide unos 12 pies (casi 4 m) de largo. Es uno de los depredadores más grandes del Nilo.

Los animales que pastan, como las cebras, deben venir al Nilo para obtener el agua fresca que necesitan. Pero beber puede ser peligroso. En el río, los cocodrilos tienen la ventaja porque nadan muy bien. Al ir al río como parte de una manada o grupo grande, los animales que pastan se ayudan para vigilar si hay cocodrilos. Los ojos de las cebras están en la parte más alta de la cabeza, así que pueden ver si se acercan cocodrilos incluso mientras están bebiendo.

Desde el banco de arena, el gran cocodrilo macho ve una manada de cebras
acercarse al río. Observa hasta que una cebra se
aleja de la manada y se dirige a la parte
profunda. Entonces, se desliza dentro
del agua y nada tan lentamente
que apenas produce ondas.

Sin embargo, antes de que el cazador esté a la distancia de ataque, un miembro de la manada lo ve y emite un llamado de advertencia. De inmediato, la manada retrocede y se aleja del río. El cocodrilo emerge para atacar. Clava las largas garras en la orilla y trepa velozmente, pero la cebra sale del agua aún más rápido. Una vez en tierra, la cebra lleva la ventaja porque puede correr más rápido que el cocodrilo.

Pasan varios días antes de que el cocodrilo tenga otra oportunidad de acercarse lo suficiente a una presa para atacarla. Entonces, cuando el último calor del día brilla en el agua fría, el cocodrilo ve una manada de ñúes que se acerca al río. La manada vacila en la orilla, observando y venteando el aire. Buscan cocodrilos. Sin embargo, el gran macho ya está totalmente sumergido, y los ñúes no lo pueden ver ni oler. Finalmente, la sed obliga a la manada a entrar en el agua para beber.

Con gran lentitud, el cocodrilo se acerca nadando hasta que está a la distancia justa para atacar. Como una explosión, el gran macho salta del agua abriendo las mandíbulas al máximo.

Bufando de pánico, los ñúes saltan para alejarse del cocodrilo. Las mandíbulas del cocodrilo muerden la pata de una cría. Berreando de miedo, la cría lucha por escapar. El gran cazador abre la boca para morder de nuevo y la cría salta a la orilla para estar a salvo.

Los ñues bufan y gruñen de pánico. Los más cercanos al agua patean y saltan, luchando por alejarse mientras el cazador ataca de nuevo. Esta vez, las mandíbulas del cocodrilo se cierran sobre un ñu adulto. El cazador vuelve al río, arrastrando la presa bajo el agua. En minutos, el ñu está muerto. Después el cocodrilo come lo que necesita. El gran macho tiene más alimento del que puede comer, así que se zambulle con las sobras. Las guarda para más tarde, encajándolas en un hueco entre dos piedras grandes.

Los cocodrilos pueden sobrevivir hasta un año sin alimento, pero prefieren comer a menudo. Después de la caza del ñu, el gran cocodrilo ve cómo poco a poco un ave busca alimento por la orilla. Llega el momento en que el ave está tan cerca que el cocodrilo no puede resistir el bocadillo. Ataca al ave y se la traga entera. Satisfecho por el momento, el gran macho se duerme en la soleada orilla.

Pasan varios días antes de que el cocodrilo tenga la oportunidad de volver a comer. El llamado de alarma de una gacela alerta al gran cocodrilo. Otro macho acaba de cazar una gacela y la lleva a aguas más profundas. Cuando el cazador se sumerge con la presa, el gran macho entra en el río.

Como es el cocodrilo más grande de esta parte del Nilo, el gran macho nada para reclamar su parte de la cacería. El cocodrilo más pequeño permite que la tome. Los cocodrilos no suelen pelear por las presas. En el mundo de los cocodrilos, los más grandes tienen más poder que los pequeños.

El gran macho necesita la energía de los alimentos para otras cosas, además de crecer. Pronto será época de aparearse.

La estación lluviosa provoca cambios químicos tanto en los machos como en las hembras. El gran macho patrulla su territorio y aleja a los machos rivales. Sin embargo, cuando una hembra entra, le permite nadar muy cerca, e incluso darle topes. Él responde empujándola y ronroneando. Un rato después, la pareja se aparea. Luego, la hembra sigue su camino. Aproximadamente en un mes, pondrá huevos de donde nacerá una nueva camada de jóvenes cazadores.

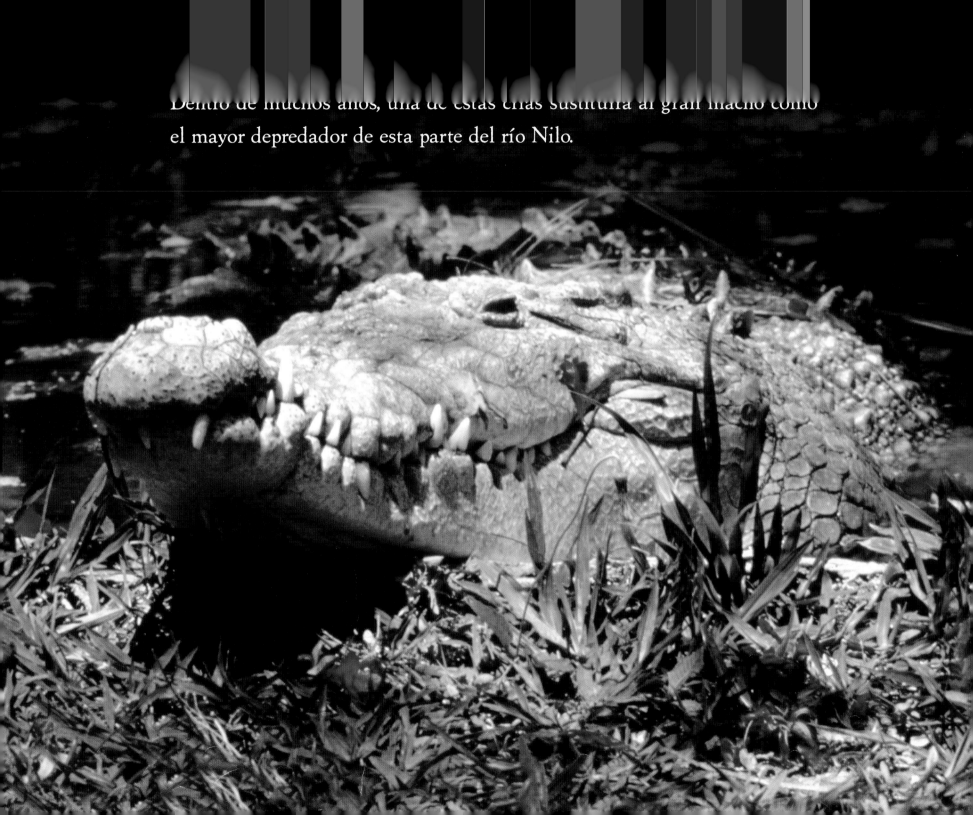

Dentro de muchos años, una de estas crías sustituirá al gran macho como el mayor depredador de esta parte del río Nilo.

Retrospectiva

- Observa detenidamente el cocodrilo de la página 3 y mira las escamas de la piel. Estas escamas duras tienen piel flexible entre ellas para que el cocodrilo pueda girar y doblarse. Algunas escamas del lomo del cocodrilo tienen placas óseas que forman una resistente armadura.

- Observa de nuevo al cocodrilo comiendo de la página 18. Los cocodrilos también tragan piedras o grava. Algunos investigadores creen que les sirven para triturar los alimentos. Otros piensan que el peso de las piedras les permite permanecer en el fondo del río. ¿Qué crees tú?

- Un cocodrilo que camina, como el de la página 23, puede levantar su vientre del suelo para avanzar más rápido. Si persigue a una presa, el cocodrilo puede correr una distancia de unos 50 pies (15 m) a una velocidad de hasta 11 millas por hora (18 kilómetros por hora).

Glosario

CEBRA: animal que pasta, con franjas blancas y negras, parecido a un caballo

DEPREDADOR: animal cazador

DIENTE DE ECLOSIÓN: pequeña escama abultada en la nariz de la cría de cocodrilo, que le sirve para salir del huevo. El cocodrilo pierde esta escama más tarde.

GACELA: antílope pequeño y rápido que vive en África y Asia

LENGUA: músculo especial unido a la parte inferior de la boca, que tiene un pliegue en la parte de atrás que sirve para sellar la garganta cuando el cocodrilo se sumerge bajo el agua

MANADA: grupo de animales del mismo tipo, que se alimentan y viajan juntos

NIDO: agujero que el cocodrilo hembra cava en el suelo arenoso, donde pone los huevos y luego los cubre con tierra

ÑU: antílope africano de gran tamaño que pasta en grandes manadas. Cuando beben en el río Nilo, son una de las principales fuentes de alimento de los cocodrilos.

ORIFICIOS NASALES: par de aberturas en la parte superior de la nariz del cocodrilo. Los orificios nasales se cierran para evitar que al cocodrilo le entre agua a los pulmones cuando se zambulle.

PRESA: animal que un depredador caza para comer

RETINA: capa sensible a la luz en la pare trasera de los ojos del cocodrilo

RÍO NILO: río al noreste de África. El Nilo es el río más largo del mundo.

TERRITORIO: sector del río y las orillas donde el cocodrilo suele cazar

Información adicional

LIBROS

Simon, Seymour. *Crocodiles and Alligators.* Nueva York: Harper Trophy, 2001. Este libro contiene datos fascinantes y conocimiento popular antiguo sobre estos animales, e información sobre cómo están retornando.

Sloan, Chris. *Super Croc and Other Prehistoric Crocodiles.* Washington, D.C.: National Geographic, 2002. El libro sigue la expedición del Dr. Paul Sereno para encontrar al "súper cocodrilo", los restos fósiles de un cocodrilo gigante. El libro también muestra la evolución de los cocodrilos actuales y sus parientes.

Walker, Sally. *Crocodiles.* Minneapolis: Carolrhoda Books, Inc., 2004. El texto y las fotografías describen el ciclo de vida del cocodrilo.

Wexo, John Bonnett. *Alligators & Crocodiles.* San Diego, CA: Zoobooks/ Wildlife Education, 2000. Este libro está lleno de datos sobre los animales y el medio ambiente en que viven.

VIDEOS

National Geographic's Crocodiles: Here Be Dragons (National Geographic, 1990.) Tomas dramáticas muestran cómo cazan estos animales. También se muestra cómo el 90% de las crías que nacen cada año caen presas de otros animales.

National Geographic's Last Feast of the Crocodiles (National Geographic, 1996.) Este video muestra cómo los cocodrilos sobreviven una grave sequía.

Predators of the Wild: Crocodiles & Alligators (Warner Home Video, 1993.) Este video muestra cómo estos animales atrapan a las presas y cuidan a sus crías en la naturaleza.

Índice

Para Marcia Marshall, con amor, en agradecimiento por toda su ayuda y aliento

La autora desea agradecer a Kent A. Vliet, biólogo de cocodrilos de la Universidad de Florida, Departamento de Zoología, por compartir su experiencia y entusiasmo. Como siempre, un agradecimiento especial para Skip Jeffery, por su ayuda y apoyo.

Agradecimientos de fotografías
© Nigel J. Dennis; Gallo Images/ CORBIS, pág. 1; © Frans Lanting/ Minden Pictures, págs. 3, 4, 9, 12, 15, 21, 22, 36; © Mark Deeble y Victoria Stone/ Oxford Scientific Films, págs. 6, 7, 8, 18, 27, 28, 29, 30; © Joe McDonald, pág. 11; © Mitsuaki Iwago/ Minden Pictures, pág. 14; © Mike Powles/ Oxford Scientific Films, pág. 16; © Peter Johnson/ CORBIS, pág. 23; © A&M Shah/ Animals Animals, págs. 24, 34; © Joe McDonald/ Bruce Coleman, Inc., pág. 33; © Fritz Polking/ Bruce Coleman, Inc., pág. 35; © Erwin y Peggy Bauer, pág. 37. Portada: © Shah Manoj/ Animals Animals.

Traducción al español: © 2007 por ediciones Lerner
Título original: *Crocodiles*
Texto copyright: © 2004 por Sandra Markle

La edición en español fue realizada por un equipo de traductores nativos de español de translations.com, empresa mundial dedicada a la traducción.

ediciones Lerner
Una división de Lerner Publishing Group
241 First Avenue North
Minneapolis, MN 55401 EUA

Dirección de Internet: www.lernerbooks.com

Library of Congress Cataloging-in-Publication Data

Markle, Sandra.
    [Crocodiles. Spanish]
    Los cocodrilos / por Sandra Markle.
       p. cm. — (Animales depredadores)
    Includes bibliographical references and index.
    ISBN-13: 978−0−8225−6491−1 (lib. bdg. : alk. paper)
    ISBN-10: 0−8225−6491−2 (lib. bdg. : alk. paper)
    1. Crocodiles—Juvenile literature. I. Title. II. Series: Markle, Sandra. Animales depredadores.
QL666.C925M37418 2007
597.98'2—dc22   2006010556

Fabricado en los Estados Unidos de América
1 2 3 4 5 6 7 − DP − 12 11 10 09 08 07